ESSAI

SUR

LA CONSTITUTION

FRANÇAISE.

Par un Citoyen du District de Montivilliers,
Département de la Seine inférieure.

A ROUEN,

De l'Imprimerie de P. SEYER & BEHOURT,
rue du Petit-Puits.

———————————

1793.

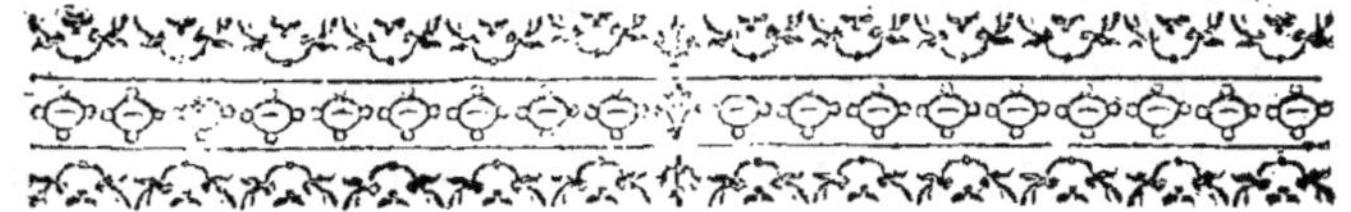

ESSAI

SUR

LA CONSTITUTION FRANÇAISE,

Ou Projet de division du Territoire de la République ; d'Organisation des Corps administratifs & judiciaires, des Assemblées de Section, d'un Conseil national & du Corps législatif. Bases d'établissment des Maisons de secours des Communes, Bureaux de charité dans les Sections, Hospices & Hôpitaux-Généraux dans chaque Département, des Écoles primaires, des Instituts de Département & de Région. Mode d'élection des Fonctionnaires publics & de fixation de leur traitement.

Liberté & égalité de droits.
Unité & indivisibilité.
Division & balance des pouvoirs.

Division du Territoire Français.

LA République Française sera divisée en Départements, les Départements en Sections ; douze

Sections formeront une Commune ; par la réunion de plusieurs Communes, il sera formé des Arrondissements ou Cantons d'environ 80,000 ames ; enfin, sept à huit Départements feront une Région.

Population des Sections.

Chaque Section, dans les campagnes, devra renfermer une population de huit à douze cents habitants, & dans les villes, deux mille & plus, de maniere que les villes les plus peuplées & leurs fauxbourgs ne puissent avoir plus de douze Sections principales ; mais ces Sections pourront elles-mêmes être partagées en Divisions de Section, pour la facilité & la célérité des élections.

Administration des Communes.

L'Administration des Communes, qui seront toutes composées de douze Sections, quelle que soit leur population, sera subordonnée à celle de Département, & sera composée de

Un Maire, nommé par les douze Sections ;

Un Procureur de la Commune & son Substitut, nommés de même.

Un Officier municipal, pris & nommé dans chaque Section principale ;

Un Suppléant ;

Un Notable & fon Suppléant, pris & nommés dans chaque Section ou Divifion de Section. Les Sections principales qui n'auroient pas été partagées en Divifions de Section, éliront un Notable par chaque deux mille âmes ou environ.

Un Secrétaire-Greffier, qui fera nommé par le Corps municipal.

Les Maire, Procureur & Secrétaire-Greffier de la Commune, feront permanents au Bureau municipal, & auront un traitement de deux journées & demie par jour, ou foixante-quinze journées de travail par chaque mois.

Les Officiers municipaux feront membres de l'adminiftration des Communes ; les Notables en feront le Confeil : l'un & l'autre concourront altetnativement à former le Confeil de Département.

Chaque Commune enverra tous les mois un Officier municipal, la douzieme partie de fes Notables, pris alternativement dans les Sections, pour compofer le Confeil de Département, & concourir, avec l'Adminiftration, à l'acceptation des Loix faites par le Corps légiflatif.

Ces mêmes Députés des Communes rempliront en même-temps les fonctions de Jurés auprès du Tribunal de Département.

Les fonctions des Députés des Communes dureront un mois, excepté celles de la moitié de la premiere députation, qui fera renouvellée après l'expiration de la premiere quinzaine , pour être relevée par la moitié des Députés qui fuivront , & ainfi de fuite de quinzaine en quinzaine : ainfi le renouvellement du Confeil de Département fera toujours fait par moitié à l'époque des 1er & 15 de chaque mois.

Il fera alloué la valeur de quatre-vingt-dix journées de travail , pour toute indemnité , à chaque Député des Communes.

Les Communes appelleront les Notables à toutes leurs délibérations. Elles ne pourront délibérer que fur des objets relatifs à l'adminiftration qui leur fera déléguée. Le droit de délibérer fur des objets d'utilité publique & générale fera réfervé aux feules Sections.

Juges de Paix.

Il y aura dans chaque Commune au-deffous de 16,000 ames, un Juge de Paix ; au-deffus de ce nombre, il y en aura deux ; & enfin il y en aura un par chaque 12,000 ames dans les Communes les plus peuplées.

Les Juges de Paix nommeront leur Greffier.

Les Juges de Paix feront élus par les Officiers municipaux & les Notables des Communes, de même que fix de leurs Affeffeurs ; il leur fera en outre nommé , par chaque Section , deux Afſeſſeurs , ce qui en portera le nombre à trente. Le traitement du Juge de Paix ſera de deux journées de travail , & celui du Greffier d'une journée , outre les émoluments dont ils jouïſſent actuellement.

La compétence du Juge de Paix , en matiere civile , ſera augmentée.

Il formera le premier dégré de Juriſdiction criminelle , & prononcera , ſur la déclaration d'un Juré qui ſera formé de la moitié de ſes Aſſeſſeurs , les décrets d'accuſation.

Jury de Jugement.

Lorſque le Juge de Paix aura prononcé un décret d'accuſation , les Notables élus par chaque Section ſeront convoqués à la diligence du Procureur de la Commune , pour former un Jury de jugement.

Le Subſtitut du Procureur dé la Commune ſera Directeur du Juré.

Si l'accuſé eſt déclaré coupable par le Juré , trois Juges de Paix des Communes voiſines ſe rendront , à la réquiſition du Procureur de la Commune , au lieu où l'inſtruction du procès aura été faite , pour faire l'application de la peine , & prononcer le jugement.

Il y aura lieu à appel au Tribunal de Département , ſi la déclaration & le jugement n'ont pas été unanimes.

A 4

Les Procureurs des Communes feront chargé
de la pourfuite de tous es délits criminels commi
fur le territoire de la Commune.

La néceffité de punir promptement les coupables
& fur-tout les inconvéniens attachés au déplace-
ment des témoins & des accufés , exigent que cs
derniers foient jugés fur les lieux en premiere
inftance.

Bureaux de Paix & de Conciliation.

Il y aura dans chaque Commune un Bureau de
paix & de conciliation , compofé de fix membres
nommés de la même maniere que le Juge de paix.
Les Officiers municipaux pourront en être membres.

Toutes les affaires hors de la compétence du
Juge de paix & des Tribunaux de commerce (qui
feront confervés), les appels des Jugements rendus par les Juges de paix , feront portés au Bureau de paix. Si les parties , après y avoir comparu
deux fois , à huit jours d'intervalle , ne peuvent
être conciliées , elles nommeront alors réciproque-
ment deux arbitres , en préfence du Bureau de
paix , qui inférera leur nomination dans fon procès-verbal. Les arbitres s'affembleront au Bureau
de paix , pour y entendre les parties , & procéder au jugement , qui fera rendu dans l'efpace

d'un mois. La fentence arbitrale fera enregiftrée au Bureau de paix.

Dans le cas de partage d'opinion entre les ar- bitres, il fera pris un fur-arbitre parmi les mem- bres du Bureau de paix, par la voie du fort, fur une lifte de trois membres qui feront défignés par les parties.

L'appel des fentences arbitrales fera porté aux Tribunaux de Département ; mais l'appellant en- courra une amende au profit des Maifons de fe- cours : elle pourroit être de deux jufqu'à cinq pour cent du capital.

Garantie des propriétés.

Chaque Commune fera refponfable de la viola- tion des propriétés commife à force ouverte fur fon territoire, fauf recours fur la Section où le pillage aura été commis. Pour cet effet, il y aura dans chaque Commune un Commandant-Général des Gardes nationales. Cette place pourra être donnée à d'anciens Militaires. Le traitement fera égal à deux journées & demie de travail par jour, ou foixante-quinze journées par mois. Le Com- mandant-Général fera nommé de la même maniere que le Juge de paix. Il fera fpécialement chargé de requérir & de diriger la force publique toutes les fois qu'il y aura des attroupements tumultueux, que la sûreté des perfonnes & des propriétés fera violée ou menacée de l'être. Chaque Section lui nommera un Adjudant. L'Adjudant requérera également la force publique au cas d'attroupements tumultueux fur le territoire de la Section, ou de violation des perfonnes & des propriétés, à la charge d'en inftruire fur-le-champ le Commandant-Général, qui fera, fi le cas le requiert, une réquifition générale aux Sections, & même aux Communes voifine. Toutes les fois que la force publique fera requife, il en fera donné connoiffance à la Commune, qui, dans le cas d'attroupements féditieux, y enverra un de fes membres, au moins.

Il y aura dans chaque Commune une brigade de Gendarmerie à cheval, compofée d'un Brigadier & de quatre Gendarmes. La brigade s'équipera à fes frais. Le traitement du Brigadier fera de deux journées & demie de travail, & celui des Gendarmes de deux journées de travail.

Il y aura dans chaque Commune un Receveur des Impofitions ; il fera nommé par la Commune, qui en fera refponfable ; mais elle en exigera un cautionnement pour fa décharge. Le Receveur des impofitions fournira chaque femaine, à la Commune, le bordereau de fa recette, & la fera paffer, à la fin de chaque mois, directement à la Tréforerie nationale ; il en enverra en même-temps, au Département, le bordereau vifé de la Commune.

De l'Impôt.

L'Administration des Communes fera chargée de la confection des rôles d'impofition, & d'en furveiller la perception ; mais la répartition de l'impôt ne lui fera point attribuée : c'eft à la Loi à le déterminer, & à l'établir fur des bafes générales & invariables, de maniere qu'il ne foit pas même néceffaire d'attendre la confection des rôles pour en faire la perception. Un pareil mode, en évitant toute efpece d'arbitraire & d'inégalité de répartition d'un Départemnent, d'une Commune, & même d'une Section à l'autre, éviteroit encore des réclamations faas nombre dont les Corps adminiftratifs font accablés, & dont les contribuables fe font un prétexte pour retarder le paiement.

Ce moyen paroît fimple ; il ne confifte pas à donner à un Département, à une Commune, à une Section, une fomme quelconque à répartir dans fon territoire ; mais à fixer directement différents taux de contribution pour chaque efpece de propriété, eu égard aux réparations & autres charges qui en diminuent d'ordinaire le produit annuel.

De toutes les manieres de conftater le produit d'une propriété fonciere, le prix effectif de la location, conftaté par les baux, me paroît la meil-

leure , en prenant des précautions contre l'infidélité des baux , parce qu'alors le contribuable paie
réellement à proportion de fon revenu effectif.
L'eftimation , d'après l'expérience , ne donne pas
les mêmes réfultats ; elle deviendroit cependant
indifpenfable , lorfqu'il n'y auroit pas de baux dont
le prix feroit fixé en argent ; mais alors les loca-
tions à bail feroient une bafe dont les eftimateurs
ne pourroient s'écarter , & elle ne renfermeroit
plus les inconvéniens qu'elle n'a que parce qu'elle
eft génerale , & que chaque Municipalité cherche
à payer le moins poffible.

On obviera à l'infidélité des baux ,

1°. En les foumettant à l'enregiftrement fujet à
un foible droit ;

2°. En obligeant le propriétaire à déclarer ,
devant fa Municipalité , le prix du loyer , avec les
charges , foumiffions , pots-de-vin qu'il retire annuellement de fes propriétés , & de l'affirmer ;

3°. En obligeant tous fermiers & locataires à
faire pareille déclaration ;

4°. En foumettant à une eftimation d'experts les-
propriétés , toutes les fois que l'infidélité des baux
feroit préfumée , ou même que la location pourroit être envifagée comme une location de faveur.
Ce quatrieme moyen peut paroître infaillible , puif-
qu'il ôte au contribuable l'efpoir de profiter de la
fraude qu'il commettroit en adoptant différens

taux de contribution , à raiſon de la différence des propriétés. L'impôt feroit établi au marc la livre ſur le produit brut de la valeur locative. Je vais ſuppoſer pour exemple ,

1º. Une ferme louée , ſans la dîme , . 1000 l.

Valeur de la dîme , eſtimée le cinquieme du loyer , ... 200 l.

Soumiſſions en grains , &c. eſtimées par chaque an , ... 100 l.

600 liv. de pot-de-vin payé pour un bail de ſix ans , fait par an , ... 100 l.

____

Ce qui donne pour chaque année un produit brut de , ... 1400 l.

____

dont le cinquieme , en ſuppoſant que la contribution fonciere ſoit fixée à ce taux , fait 280 liv. d'impoſition par an.

2º. Une maiſon de ville , louée par an 1200 l.

Le taux de contribution ſur cette propriété doit être moindre , parce qu'outre qu'elle ſe détériore annuellement , elle eſt ſujette à des réparations plus fortes & à des accidents plus fréquents que les propriétés rurales. Par proportion , elle pourroit être impoſée au ſixieme , qui ſeroit 200 liv.

3º Les moulins , forges , & autres uſines , pourroient être impoſés au ſeptieme , ce qui , ſur une location de 1400 liv. , ſeroit également 200 l.

(14)

L'impôt fera payé en douze termes, c'eft-à-dire ,
de mois en mois , avec liberté de payer par quar-
tier & d'avance. Un grand inconvénient de l'impôt
direct , feroit d'obliger le contribuable à payer en
un feul ou plufieurs forts termes.

De la Contribution induftrielle
ou mobiliaire.

Les revenus induftriels de la France , en temps
de paix , font probablement bien plus confidérables
que les revenus territoriaux Il n'importe pas moins
d'affeoir cet impôt fur des bafes fixes & générales ,
& de fouftraire les contribuables à toute efpece
d'arbitraire ou d'inquifition.

La valeur locative des maifons , atéliers , magafins , &c. combinée avec les différentes profeffions,
peut également fervir de bafe pour la contribution
induftrielle. Les propriétaires fonciers n'exerçant
aucune profeffion utile , n'en feroient exempts
qu'autant qu'ils n'occuperoient pas une habitation
dont la valeur locative n'excéderoit pas le quart
de leurs revenus fonciers ; autrement ils feront
réputés capitaliftes , & , comme tels , fujets à
contribuer en proportion de l'excédent. En général,
tous les propriétaires fonciers jouiront de l'exemp-
tion de la contribution induftrielle fur leur habitation perfonnelle feulement , pourvu que fa valeur

locative n'excéde pas le quart de leur revenu. Ils ne feroient affujettis qu'à contribuer fur l'excédent, & fur la valeur locative de leurs atéliers, magafins, boutiques, &c.

On pourroit peut-être fixer le taux de contribution ci-deffous, favoir :

Pour les capitaliftes, banquiers, le tiers de la valeur locative de leur habitation, &c.

Pour les commerçants en gros, le cinquieme du loyer de leur habitation & magafins.

Pour les marchands en gros & en détail, le fixieme, *idem*.

Pour les fabricants & artifans, le feptieme de la valeur locative de leurs habitations & atéliers.

Et les cultivateurs, le huitieme de la valeur locative de leur faire valoir.

On ne doit pas perdre de vue qu'il eft prefque impoffible de connoître les fortunes mobiliaires ; que la taxe eft toujours, par conféquent, plus ou moins arbitraire & odieufe, & qu'elle ne doit pas être connue dans un pays libre, dût-il en réfulter quelques inégalités, toujours inévitables en fait de contribution mobiliaire. Il exifte d'ailleurs d'autres moyens encore d'atteindre le capitalifte, tels que le timbre, une taxe à raifon du nombre de domeftiques, fur les chevaux & voitures. C'eft cependant ici le lieu d'obferver qu'un pareil impôt ne doit pas être affez fort pour profcrire entierement le luxe. Si le luxe eſt ſouvent nuiſible aux particuliers, il eſt preſque toujours utile aux états. Le luxe d'un ſeul fait ſouvent vivre nombre d'individus ; il multiplie à l'infini les moyens de travail pour l'artiſan.

Maiſons de Secours.

Il ſera établi , dans chaque Commune , une Maiſon de ſecours. Elle ſera dirigée par un directeur marié, ſous la ſurveillance de la Commune & d'un comité compoſé de douze citoyens charitables. Ils ſeront nommés par la Commune, & il en ſera pris un dans chaque Section. La durée de leurs fonctions ſera de ſix mois. Ce comité s'aſſemblera au moins une fois par ſemaine avec le Directeur de la Maiſon de ſecours, pour entendre les demandes des néceſſiteux, déterminer l'importance & la nature des ſecours à leur accorder, & enfin aviſer aux meilleurs moyens d'adminiſtrer la Maiſon. Tous les atrêtés que ce comité pourra prendre, ſeront ſoumis à l'Adminiſtration de la Commune, & ne pourront être exécutés qu'aprèc qu'elle y aura donné ſon adhéſion.

Cet établiſſement ſera ouvert aux pauvres vieillards des deux ſexes, qui, à raiſon de leur âge, ou des infirmités qui leur ſeroient ſurvenues, ſeront hors d'état de ſubſiſter de leur travail ; aux
orphelins

orphelins au-deſſus de l'âge de ſix ans, & enfin aux enfants des pauvres peres de famille dont les moyens de ſubſiſtance ſeroient inſuffiſants pour les nourrir & les élever.

Tout citoyen valide & marié, dont les moyens de ſubſiſtance n'excéderont pas la valeur de la journée ordinaire de travail, & pere de plus de trois enfants au-deſſous de l'âge de treize ans, aura le droit de placer le ſurplus de ſes enfants dans la Maiſon de ſecours, pourvu qu'ils ayent atteint l'âge de ſix ans ; au-deſſous de cet âge, il lui ſera accordé des ſecours, qui, autant que poſſible, ſeront toujours en nature.

Tout Citoyen veuf avec plus de deux enfants en bas âge, & toute mere de famille demeurée veuve avec plus d'un enfant, auront le même droit ; enfin tous les enfants des peres ou meres de famille pauvres, qui, par ſuite de quelque infirmité ou accident, deviendroient hors d'état de ſubſiſter de leur travail, ſeront reçus dans les Maiſons de ſecours.

Les malades ſans domicile, les infirmes hors d'état de ſe livrer à aucun travail, les maniaques, les enfants trouvés & les orphelins au-deſſous de l'âge de ſix ans, ſeront dépoſés dans les Hôpitaux-Généraux de Département. Parvenus au-deſſus de l'âge de ſix ans, les enfants rentreront dans les Maiſons de ſecours des Communes où ils ſont nés.

La Maiſon de ſecours ſera chargée de procurer aux pauvres les ſecours de la médecine & de la chirurgie, ſur-tout dans les accouchements.

La Maiſon de ſecours pourra être le |Bureau central auquel les particuliers qui auront des travaux à faire exécuter, & les ouvriers qui manqueront de travail, pourront s'adreſſer. Le prix du travail qui ſera alloué par la Maiſon de ſecours, ſera toujours inférieur d'un quart au moins à celui qui ſera payé par les particuliers. On y fera exécuter, autant qu'il ſera poſſible, les travaux à l'entrepriſe ou à la tâche, & non à la journée, pour ne pas favoriſer la pareſſe.

Si le travail n'eſt pas un beſoin de l'homme, c'eſt au moins un devoir dont le vieillard & l'enfant ne doivent pas être diſpenſés dans les Maiſons de ſecours. Elles doivent être ſur-tout une école d'apprentiſſage pour la jeuneſſe : qu'on y établiſſe donc des atéliers de filature de lin, coton, laine, de tricot, des fabriques de filets de pêche, de toile, cordages & autres ouvrages que les Communes jugeront convenable d'y faire exécuter. Que l'amour du travail y ſoit excité par des récompenſes, telles, par exemple, que le paiement du travail qui excéderoit la tâche ordinaire, & que la pareſſe ſoit punie par des privations. Avec une bonne organiſation & des ſoins ſoutenus, il feroit poffible que ces établiffements finiffent par devenir très-peu couteux.

Les objets qui proviendroient du travail des Maifons de fecours, & qui ne leur feroient pas utiles, pourroient être vendus publiquement chaque mois.

Bureaux de Charité.

Il y aura, dans chaque Section, un Bureau de charité, compofé de trois membres élus par la Section, pour correfpondre avec la Maifon de fecours, entendre & faire connoître les befoins des néceffiteux, & enfin diftribuer dans la Section les fecours que la Maifon aura mis à leur difpofition.

Les Maifons de fecours pourroient être chargées du paiement du traitement des Inftituteurs des Ecoles primaires, dont il fera parlé plus bas, & de recevoir des parents des éleves la rétribution de la valeur d'une journée de travail, que paieroient tous ceux dont les moyens de fubfiftance par jour excéderoient la valeur de cette même journée de travail.

On ne peut fe diffimuler que la formation de l'établiffement des Maifons de fecours & des Hôpitaux de Département ne foit très-coûteufe. On pourroit y employer le produit de la vente des biens poffédés par les Hôpitaux, de plufieurs fondations pieufes, & des biens communaux, dont le partage ne peut être qu'inégal ; car eft-il jufte que l'individu que le hafard a placé dans une Commune riche en biens communaux, foit appellé exclufivement à les partager, tandis que la Commune voifine n'en retirera aucun avantage ? La République peut donner à chaque Commune des Maifons convenables, telles que des ci-devant châteaux & maifons religieufes ; il ne refteroit plus alors que l'achat à faire du mobilier & d'une certaine quantité de matieres premieres ; l'entretien feroit pris en fols additionnels fur les contributions fonciere & induftrielle. Il eft préfumable qu'en prélevant deux fols par livre fur ces contributions, il en réfulteroit un fonds bien fuffifant pour les dépenfes annuelles des Maifons de fecours & Hôpitaux-Généraux de Département. Je propoferois d'en faire la répartition fuivante :

SAVOIR:

Un fol fix deniers feroient mis directement à la difpofition des Maifons de fecours.

Trois deniers feroient mis à la difpofition du Département, pour être répartis aux Communes les plus chargées, & dont la recette feroit infuffifante.

Les trois autres deniers reftants feroient fuffifants pour l'entretien de plusieurs hôpitaux dans chaque Département.

Dans un Département tel que la Seine inférieure, où les contributions ont été estimées devoir s'élever à dix-sept millions, il en résulteroit une somme de 1,700,000 liv. qui seroit sans doute plus que suffisante.

La recette de ces établissements peut encore s'améliorer par une quête faite chaque Dimanche dans tous les Temples, par la moitié de la recette qui seroit faite, les Dimanches, dans les spectacles, par les amendes qu'encoureroient les plaideurs, &c.

Quel homme ne fera pas volontiers un si leger sacrifice, pour secourir aussi efficacement l'humanité souffrante, détruire sans retour la mendicité & le vagabondage, vrais fléaux des mœurs, & la honte de l'organisation sociale ?

Je ne crains pas de me tromper en avançant que la tranquillité intérieure est attachée à la formation de ces établissements, & qu'elle devient imperturbable, s'il est décrété comme principe que le *minimum* de la journée de travail de tous journaliers & ouvriers travaillant à la journée (autres que les apprentifs) ne pourra être inférieur au prix de douze livres de pain moyen ou de seconde qualité ; que le *maximum* sera toujours conventionnel, & enfin que le salaire de l'ouvrier sera toujours susceptible d'une augmentation ou d'une diminution proportionnée à la valeur du pain. Ennemi de toute taxe que je crois incompatible avec la liberté politique & commerciale, nuifible au progrès de l'agriculture & de l'induftrie, il me paroît que la fixation du *minimum* feulement de la journée de travail n'en eft point réellement une, mais une bafe équitable qui doit être le régulateur & de celui qui travaille, & de celui qui fait travailler. A ce moyen la liberté du commerce & de la circulation des grains, d'où doit découler l'abondance, eft affurée. Il n'y auroit plus au moins que la malveillance qui pourroit les troubler ; mais alors la Loi la réprimeroit avec févérité & fans ménagement.

Des affemblées de Section.

Les affemblées de Section feront convoquées par la Commune, pour procéder aux élections.

Chaque Section de Commune, fur la demande de dix de fes membres, faite à la Commune, qui, chaque fois, leur délivrera un billet de convocation, aura le droit de s'affembler pour délibérer publiquement fur des objets d'utilité publique & générale, à la charge d'envoyer fon procès-verbal à la Commune dans les vingt-quatre heures. Les Sections ne pourront entraver ni arrêter les adminiftrations, & leurs délibérations ne pourront être regardées que comme des pétitions. Si leur objet eft relatif à l'administration de la Commune, celle-ci, après en avoir délibéré & reconnu la nécessité, y fera droit. Si au contraire la pétition porte sur un objet de la compétence du Département, la Commune sera tenue de la lui envoyer avec son avis dans le délai de trois jours ; le Département en délibérera dans le plus bref délai, & y fera droit s'il y a lieu. Enfin si l'objet de la pétition est de la compétence du Corps législatif, les Sections seront tenues de la faire passer auparavant au Département, qui, en l'envoyant au Corps législatif, y joindra son avis.

Toute délibération contraire à la Loi, ou qui n'aura pas été prise suivant les formes qu'elle aura établie ne pourra être prise en considération par les Corps constitués.

Pour entretenir la fraternité & la paix parmi les citoyens, il ne pourra être fait ni reçu dans les Sections aucune dénonciation contre des individus. Le droit de dénoncer toutes les prévarications appartient à tout citoyen ; mais ce droit, dont le patriotisme doit faire un devoir sacré à tout bon citoyen, il ne pourra l'exercer qu'auprès des autorités constituées.

Toute dénonciation reconnue colomnieuse fera encourir à son auteur la dégradation civique, la détention suivant les cas, & donnera ouverture à des réparations civiles.

Le droit de voter dans les Sections n'appartiendra qu'aux citoyens qui contribuent à l'impôt ; qu'à ceux qui font ou ont fait le service de la garde nationale, & enfin à tous ceux qui auront servi la patrie & auront obtenu un congé honorable.

Des Ecoles primaires.

Il y aura dans chaque Section une Ecole primaire pour chaque sexe.

Il sera fourni aux Instituteurs & Institutrices un logement convenable, aux frais de la Section.

Le traitement des Instituteurs sera de la valeur de soixante journées de travail par mois, & celui des Institutrices de quarante-cinq journées ; il leur sera payé par la Maison de secours. Les Instituteurs ne pourront rien exiger de leurs éleves, mais ceux qui appartiendront à des citoyens dont les moyens de subsistance excéderont la valeur de la journée de ttavail, paieront à la maison de secours une rétribution d'une journée de travail par chaque mois.

Le mode d'enseignement sera réglé par le Corps législatif.

Les Instituteurs & Institutrices feront reçus au concours par l'Administration de la Commune, qui s'adjoindra six Experts. Ils feront ensuite nommés par les chefs de famille de la Section où ils exerceront. Ils feront fous la cenfure immdiate des chefs de famille de la Section , & pourront être dépofés à la majorité des deux tiers des voix.

Les Inftituteurs feront chargés de conftater les décès & les naiffances de tous les citoyens de la Section ; mais les actes de mariage & de divorce continueront à être paffés en la Maifon Commune.

Du Culte.

Les frais de Culte feront à l'avenir à la charge des Sections, qui nommeront les Miniftres de leur Culte. Il fera fait par le Corps légiflatif un réglement relatif au mode d'élection & de traitement des Miniftres de tous les Cultes (1).

Des arrondiffements.

Par la réunion de plufieurs Communes, il fera

---

(1) Chaque Section pourra fe nommer un ou plufieurs Miniftres du Culte catholique, dont le traitement fera à fa charge, & fera payé, par chaque habitant de la Section, en fols additionnels fur la contribution fonciere & mobiliaire.

Les non-Catholiques ayant habituellement chez eux des domeftiques du Culte catholique, contribueront feulement pour moitié.

Seront réputés Catholiques tous ceux qui, avant la preftation du ferment des Eccléfiaftiques, profeffoient le catholicifme.

formé des arrondissements d'environ 80,000 habitants. Il n'y aura point d'administration, mais seu-

---

Le fanatisme encore si actif dans la plupart des Départements ; la justice d'une indemnité due & promise au Culte
catholique dont les biens ont tourné au profit de l'Etat ; enfin,
le besoin d'arrêter les progrès d'une scission entre les Catholiques, dont les effets sont si funestes, mais que le temps
& la raison pourront détruire, me paroissent nécessiter
ces dispositions. Voici donc le décret reglementaire que je
proposerois.

1°. Les Eglises dont les divers cultes sont en possession
leur seront concédées. Il en sera de même des logements
destinés aux Ministres du Culte.

2°. Dans les campagnes, le traitement des ministres du
Culte catholique sera égal à la valeur de quatre-vingt-dix
journées de travail par chaque mois.

3°. Dans les villes il sera de la valeur de quatre-vingt-quinze
journées de travail, eu égard à la privation du jardin, qui
ne se trouve que rarement dans la ville.

4°. Le traitement des Vicaires sera de la valeur d'une journée & demie de travail par jour, ou quarante-cinq journées
par mois.

5°. L'entretien des Eglises sera à la charge des sections.

6°. Les produits de l'Eglise, tels que la location des bancs,
chaises, &c. concoureront à former le traitement des Ministres du Culte, & diminueront d'autant la contribution
des Sections.

7°. Les Ministres du Culte seront nommés par les contribuables aux frais du Culte, seront sous leur censure im-
médiate, & pourront être déposés à la majorité des deux
tiers des voix.

lement un chef-lieu défigné par le Département,
où fe rendront les Députés des Communes pour
procéder aux élections.

La moitié des Officiers municipaux & des Notables de chaque Commune, déterminée par la voie
du fort, de maniere que chaque Section fe trouve

8°. Les Evêques de Département feront à l'avenir nommés
par les Miniftres du Culte.

9°. Chaque Eccléfiaftique fournira un fol pour livre de fon
traitement , pour former celui de l'Evêque de Département, & de trois Vicaires Epifcopaux qu'il fe choifira. Il
en fera formé une maffe, dont les onze vingtiemes feront
pour l'Evêque , & les neuf vingtiemes reftants feront pour
les trois Vicaires Epifcopaux, de maniere cependant que le
maximum du traitement de l'Evêque ne puiffe excéder onze
mille livres , & celui des Vicaires Epifcopaux trois mille
livres. S'il y a de l'excédent , il fera verfé à la caiffe des
hôpitaux de Département.

10°. Il y aura un Evêque Métropolitain par chaque Région.

11°. Les Evêques fuffragans fourniront un fol par livre de
leur traitement en faveur du Métropolitain.

12°. Tous les Miniftres du Culte , avant d'entrer en fonctions , prêteront, devant la Commune , le ferment de mainte-
nir de tous leurs pouvoirs la liberté & l'égalité, d'être fideles
aux loix de la République , de ne rien faire ni dire de contraire à la tolérance qui eft due & que l'Etat accorde à tous
les Cultes, & enfin d'être foumis à la jurifdiction de
l'Evêque, tant qu'il l'exercera fuivant la loi de l'Etat.

repréfentée, ou par un Officier Municipal, ou par un Notable, formera le corps électoral.

Chaque arrondiffement nommera,

1º. Un Député au Corps légiflatif & un Suppléant.

2º. Deux Citoyens pour compofer l'Adminiftration de Département, & deux Suppléants.

3º. Quatre Juges pour compofer le Tribunal civil & criminel de Département, avec autant de Suppléants.

Départements.

L'Adminiftration de Département fera donc compofée de deux Députés de chaque arrondiffement, & le Confeil de la douzieme partie des Officiers municipaux & des Notables de chaque Commune. Ces derniers feront renouvellés chaque mois, de maniere que chaque Section fe trouve repréfentée au Département dans le courant de l'année. Le renouvellement du Confeil fe fera par moitié de quinzaine en quinzaine.

Les membres élus par les arrondiffements pour compofer l'Adminiftration de Département, & les Députés des Communes réunis au chef-lieu, nommeront un Procureur-Général de Département pris parmi les Adminiftrateurs.

Le Préfident fera élu tous les trois mois.

Le Secrétaire fera nommé au commencement de la Seffion.

Les Adminiſtrateurs de Département, & en général tous les membres des autres autorités conſti-
tuées, feront réélus chaque année, ſix mois après
la rééleſtion du Corps légiſlatif.

Le traitement des Adminiſtrateurs de Département & du Secrétaire, ſera de la valeur de quatre
journées de travail par jour , ou cent-vingt journées par mois.

Les Loix générales en matiere civile & criminelle, de finances & d'impoſitions , faites par le
Corps légiſlatif , feront envoyées direſtement à
l'acceptation de l Adminiſtration & du Conſeil des
Départements. Toutes les fois qu'il s'agira de Loix
dont l'application ſera du reſſort des Tribunaux ,
les membres de ces mêmes Tribunaux feront ap-
pellés au Conſeil du Département.

Dans huitaine de la réception de la Loi, les Départements feront tenus d'en délibérer & de faire
parvenir leur acceptation, après ce délai, au Conſeil exécutif ; à défaut , leur ſilence tiendra lieu
d'acceptation. Le Conſeil exécutif proclamera le ré-
ſultat des ſuffrages.

Il faudra la majorité des trois quarts, ou au
moins de deux tiers des Départements, pour l'acceptation de la Loi. Une majorité plus foible pourroit être ſujette à de grands inconvénients , troubler la tranquillité, & peut-être rompre l'unité de
la République.

L'Adminiftration de Département avec fon Confeil , aura l'initiative pour la révocation de ceux de fes Députés au Corps légiflatif qu'elle jugeroit ne pas remplir convenablement leur miffion , mais la révocation devra être approuvée par les autres Départements , à la majorité abfolue des fuffrages ; à cet effet , l'acte de révocation fera envoyé au Confeil exécutif pour le tranfmettre aux autres Départements , qui donneront leur avis dans le délai de trois jours. Lorfqu'il y aura majorité , le Confeil exécutif la fera connoître au Corps légif-latif. Le Député fera révoqué & auffi-tôt remplacé par fon Suppléant.

Français ! voulez-vous donner de la confiftance & de la ftabilité à votre gouvernement , faites concourir une maffe impofante de délégués du peuple à l'acceptation de la Loi. Inveftiffez vos Départements du droit de l'accepter ou de la refufer , & établiffez un Corps intermédiaire entre les Départements & le Corps légiflatif pour accepter également toutes les Loix d'urgence , de circonftances , &c. Enfin , divifez les pouvoirs, & ne les réuniffez pas dans la main d'un Corps quelconque , fi vous voulez être vraiment libres. Tout Corps dont l'autorité n'a pas de bornes, finit par devenir néceffairement defpotique , tyrannique même : c'eft un champ ouvert à la corruption , à l'intrigue & aux factions. Quatre-vingt-cinq Départements , dont le Confeil fe renouvelle chaque mois, ne peuvent être corrompus ; mais la plus grande partie d'un Corps , quelque nombreux qu'il foit , peut le devenir. L'expérience de tous les temps & de la plupart des peuples le prouve affez.

Tribunal de Département.

Le Tribunal de Département fera compofé de quatre Juges nommés par chaque arrondiffement. Il fe partagera en deux Sections, civile & crimi-nelle. Chaque Section s'organifera elle-même , & nommera d'abord un Commiffaire national pour la Section civile, & un Accufateur public pour la Section criminelle, tous deux pris parmi les Juges élus par les arrondiffements. Les Préfidents feront élus pour un trimeftre, & pourront être continués.

Chaque Section députera le cinquieme des Juges dont elle fera compofée, au Tribunal de Région dont il fera parlé ci-après.

Le traitement des Juges de Département fera de la valeur de cent - vingt journées de travail par chaque mois.

Hôpitaux.

Il y aura dans chaque Département plufieurs Hô-pitaux généraux deftinés à recevoir les malades, fur-tout ceux qui n'auront pas de demicile à eux; les infirmes hors d'état de fe livrer à aucun travail, les maniaques, les orphelins & les enfants trouvés au-deſſous de l'âge de ſept ans, époque à laquelle ils feront transférés dans les Maiſons de ſecours des Communes où ils ſont nés. Ces Hôpitaux feront partagés en pluſieurs Sections, une pour les malades, une pour les infirmes, orphelins & enfants trouvés ; une autre pour les maniaques ; & enfin il pourroit y être établi une quatrieme Section pour ſervir de maiſon de répreſſion & de correction pour les vagabonds, les gens ſans aveu & autres perturbateurs de l'organiſation ſociale, qui y ſeroient aſſujettis à des travaux pénibles, tels que le rapage des bois de teinture, du tabac, le moulage des grains pour les Hôpitaux, le battage du plâtre & du ciment, &c.

Il y aura un Directeur général qui aura ſous lui un Econome chargé du détail de la maiſon, & les autres Agents néceſſaires, ſous la ſurveillance du Département & d'un Comité compoſé de ſix perſonnes, qui s'aſſembleront au moins deux fois par ſemaine avec le Directeur & l'Econome, pour prendre connoiſſance de l'adminiſtration & de l'état de l'Hôpital, vérifier & arrêter chaque mois les comptes de l'Econome, ſauf l'approbation définitive du Département, & enfin aviſer aux meilleurs moyens d'adminiſtration de l'établiſſement. Il ſeroit peut-être convenable de ne nommer à la direction

rection des Hôpitaux que d'anciens Chirurgiens ou Médecins.

Les fonds deftinés à l'entretien des Hôpitaux feront pris fur ceux des Maifons de fecours, qui, à cet effet, en tiendront le huitieme à la difpofition du Département, pour être réparti aux Hôpitaux.

Inftitut de Département.

Il y aura dans chaque Département un Inftitut public pour chaque fexe. Le Corps légiflatif réglera le mode & la nature de l'inftruction.

Il y fera établi un penfionnat fous la furveillance de l'Adminiftration de Département. Il y aura un nombre déterminé de bourfes gratuites pour les jeunes gens fans fortune.

Le prix de la penfion pour les autres éleves fera réglé par le Département & fon Confeil.

Les Inftituteurs & Inftitutrices feront reçus au concours par une commiffion de vingt-quatre Experts choifis par le Département, & feront enfuite nommés par le Département & fon Confeil.

Le traitement des Inftituteurs fera de la valeur de quatre-vingt-dix journées de travail par chaque mois, & celui des Inftitutrices de foixante journées.

Il fera nommé par le Département un Chef général de l'Inftitut, qui fera chargé de furveiller toutes les parties de l'Inftitut & de faire obferver les réglements.

C

Régions.

Sept à huit Départements formeront une Région. Il n'y aura point d'Adminiſtration. Il y ſera établi un Tribunal dont les membres ſeront pris parmi les Juges de Département, à raiſon d'un ſur cinq.

Leur ſervice ſe fera par trimeſtre ou ſémeſtre.

Ce Tribunal s'organiſera de la même maniere que les Tribunaux de Département.

Il prononcera en dernier reſſort, en matiere civile, ſur les appels des Jugements rendus par les Tribunaux de Département.

Il connoîtra en premiere inſtance des prévarications des Miniſtres & autres Agents de la République, des Adminiſtrateurs & Juges de Département, & en général des crimes commis contre la ſûreté générale de l'Etat. Les appels ſeront portés d'un Tribunal à un autre, ſoit à tour de rôle, ou par la voie du ſort.

Le traitement des Juges de Région ſera augmenté de la valeur de deux journées de travail, pendant qu'ils ſeront en exercice.

Inſtitut de Région.

Il ſera établi dans chaque Région un Inſtitut ſupérieur pour y enſeigner les hautes ſciences. Il y aura un penſionnat avec un nombre déterminé de bourſes gratuites pour les jeunes-gens ſans fortune. Le prix de la penſion pour les autres éleves ſera réglé tous les ans par l'Adminiſtration & ſon Conſeil.

Les Inftituteurs feront reçus au concours par une Commiffion de Savants choifis par le Confeil national, & enfuite nommé par ce même Confeil national.

Leur traitement fera de la valeur de cinq journées de travail par chaque jour.

Il fera également nommé un Chef de l'Inftitut pour en furveiller toutes les parties.

Confeil National.

J'ai déjà parlé de la néceffité de l'établiffement d'un Corps intermédiaire entre les Départements & le Corps légiflatif, pour balancer l'autorité de ce dernier & éviter les longueurs & les inconvéniens graves qui en réfulteroient néceffairement, fi la fanction des Loix d'urgence, de circonftances, de localités, &c. étoit déléguée aux Départements, je propofe de le former d'un Député qui fera nommé par chaque Département & fon Confeil, & que leur choix ne puiffe tomber que fur des individus qui auront déjà rempli ou les fonctions d'Adminiftrateurs, ou celles de Députés au Corps légiflatif.

Le Confeil national fiégera près du Corps légiflatif, & fera toujours renouvellé fix mois après.

A ce Confeil national fera délégué le pouvoir d'accepter ou de refufer toutes les Loix d'urgence, à charge du renvoi aux Départements, lorfqu'elles feront du nombre de celles qui feront fujettes à leur acceptation directe.

Il fanctionnera également toutes les Loix de circonstances, de localités, fur l'organifation & la direction des forces de mer & de terre, fur les travaux publics, les mines, minieres, rivieres, canaux, ports, les déclarations de guerre, les traités de paix ; mais les traités d'alliance & de commerce feront toujours foumis à l'acceptation des Départements.

La miffion du Confeil national fera pareillement de furveiller le Confeil exécutif, fans pouvoir arrêter fa marche & affoiblir fa refponfabilité. A cet effet, il fe formera en autant de Comités qu'il y aura de Départements du Miniftere, fera chargé du premier examen des comptes des Miniftres, de les rendre publics & de dénoncer au Corps légiflatif les prévarications dont ils pourroient fe rendre coupables. Le Corps légiflatif prononcera s'il y a lieu à accufation ; dans ce cas, le Jugement fera renvoyé par la voie du fort, ou à tour de rôle, à un des Tribunaux de Région.

Les Miniftres feront nommés par le Confeil national, fur la préfentation, par le Corps légiflatif, de quatre candidats pour chaque Département du miniftere. Ils feront réélus chaque année & pourront l'être indéfiniment.

La nomination des Miniftres fera acceptée par les Départements, à la majorité abfolue des fuffrages.

Le Confeil national & le Corps légiflatif pourront l'un & l'autre fufpendre les Miniftres pour rai-

son d'incapacité ou autre cause ; mais les Départements feront toujours Juges de la suspension.

Du Corps législatif.

Le Corps législatif sera composé d'un Député de
chaque Arrondissement, ce qui doit donner environ
le nombre de trois cents Députés.

Il tiendra ses séances à Paris, & s'assemblera
toujours un mois avant la séparation de l'Assemblée
qui l'aura précédé.

Après avoir vérifié les pouvoirs de ses membres,
il se partagera en Comités, qui s'adjoindront à
ceux du Corps législatif prêt à se séparer, afin de
se mettre au courant, & de préparer les travaux
dont le nouveau Corps législatif aura à s'occuper
pendant sa session.

Il nommera en outre un Comité chargé de revoir
les Réglements des Législatures précédentes, pour
les adopter ou en proposer un nouveau à l'ouverture
de la session (1).

---

(1) Pour faire disparoître les côtés, les montagnes, &
empêcher que le Temple des loix ne présente trop sou-
vent le spectacle de plusieurs partis prêts à fondre l'un sur
l'autre, je propose de former dans l'intérieur de la salle,
DOUZE BUREAUX, où un certain nombre de Députés des divers Départements aura sa place marquée, & enfin que
chaque Bureau soit renouvellé chaque mois, d'après une
liste qui sera arrêtée au commencement de la session. L'effet
de cette mesure, qui paroîtra peut-être minutieuse, doit
être de mettre chacun à sa place, & à portée d'opiner d'a-

Le Corps législatif ne pourra être composé que d'une Chambre. A lui seul sera délégué le pouvoir de faire les loix, qui, selon leur nature, seront soumises à l'acceptation des Départements ou du Conseil national.

Toutes les loix générales, en matiere civile & criminelle & d'imposition, ne pourront être décrétées qu'après avoir été discutées au moins pendant deux séances, & que l'ordre de la parole aura été épuisé.

Le Corps législatif ne pourra intervertir ni arrêter le cours de la justice. Il pourra proposer des amnisties ; mais elles n'auront d'effet qu'après l'acceptation des Départements.

Dans le cas de conspirations qui mettroient la République dans un péril imminent, il pourra créer des Tribunaux extraordinaires, ou faire des attributions pour punir avec célérité les coupables. Ils

---

près son opinion personnelle. Je proposerois encore de supprimer l'usage de voter par assis & lévé, pour y substituer un autre mode aussi prompt, & équivalent à l'appel nominal. Il consisteroit à remettre à chaque Député deux boules, l'une blanche & l'autre noire ; à faire placer devant chaque Bureau une table surmontée, devant chaque place, de deux coulisses aboutissant à un récipient, où iroit tomber la boule mise dans la coulisse par les Députés, lorsque l'Assemblée iroit aux voix : les boules feroient aussi-tôt recueillies par six ou douze Huissiers de service, & remises devant le Bureau du Président ou des Secrétaires, qui proclameroient ensuite le résultat de ce crutin.

entreront provifoirement en exercice ; mais ils feront diffous auffi-tôt que les Départements auront manifefté colleﬁivement leur vœu , fi leur forma-tion n'eft pas confirmée.

Dans le cas où , par le plus grand des attentats, le Corps légiflatif fe trouveroit diffous par la force, il fera défigné par la Conftitution une ville où fes Membres iroient fe rallier , & où tous les Suppléants feroient tenus de fe rendre immédiatement , fur une proclamation ou un fimple avertiffement des Départements.

Le Corps légiflatif pourra appeller auprès de lui une force départementale , qui ne pourra excéder le cinquieme du nombre des Notables de chaque Commune , pour protéger les établiffements publics & le Corps légiflatif dans le lieu de fes féances. Si néanmoins la liberté des Députés ou de leurs opinions y étoit violée , le Corps légiflatif pourra ordonner fa tranflation provifoire dans une ville qu'il choifira. Elle fera fujette à la confirmation des Départements.

Le Corps légiflatif fera réélu chaque année. Les mêmes Députés pourront être réélus pendant trois Légiflatures confécutives. A la fuite , ils ne pourront redevenir membres du Corps légiflatif qu'après un intervalle de deux années.

Il paroît naturel de mettre direﬁement à la charge des adminiftrés les frais d'adminiftration locale , tels que le traitement des Adminiftrateurs des Communes, des Juges de paix & leurs Greffiers, des Membres du Conseil de Département, frais des Maisons de secours, & autres dépenses locales des Communes, dont le montant seroit imposé en sols additionnels sur les contributions fonciere & mobiliaire. Les Départements seroient de même chargés d'acquitter les dépenses de leur Administration, celles des Tribunaux & Instituts, &c. Il en résulteroit deux grands avantages ; le premier, de mettre les Administrateurs dans la nécessité de faire percevoir l'impôt exactement, & le second, de simplifier l'administration générale des finances de la République.

Au reste, il est présumable que, d'après l'organisation proposée, l'administration seroit moins coûteuse pour les administrés.

La suppression des Municipalités, des Districts la réduction du nombre des Tribunaux & de la moitié des Membres du Corps législatif, opéreroit probablement une diminution plus forte que ne sera la dépense occasionnée par l'établissement de seize à dix-huit cents Communes, & le traitement de peut-être environ quatre mille Membres du Conseil des Départements, qui seront continuellement en activité de service.

Je finis en protestant que l'amour seul de la Patrie a dirigé mes vues. Si je me suis trompé, mon cœur ne partage point mes erreurs. Puissai-je la voir bientôt libre, tranquille, & florissante à l'ombre d'une Constitution sage !

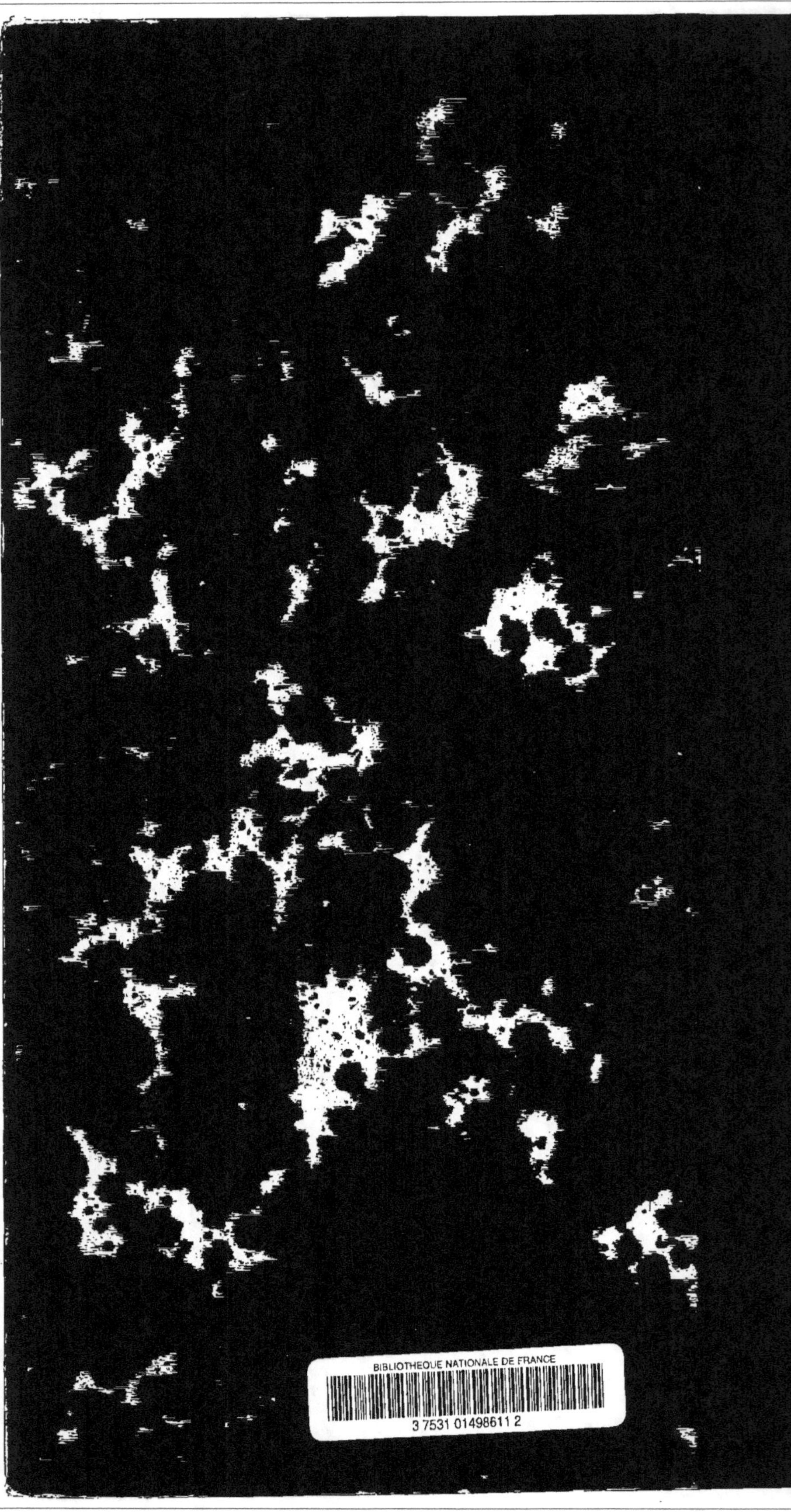